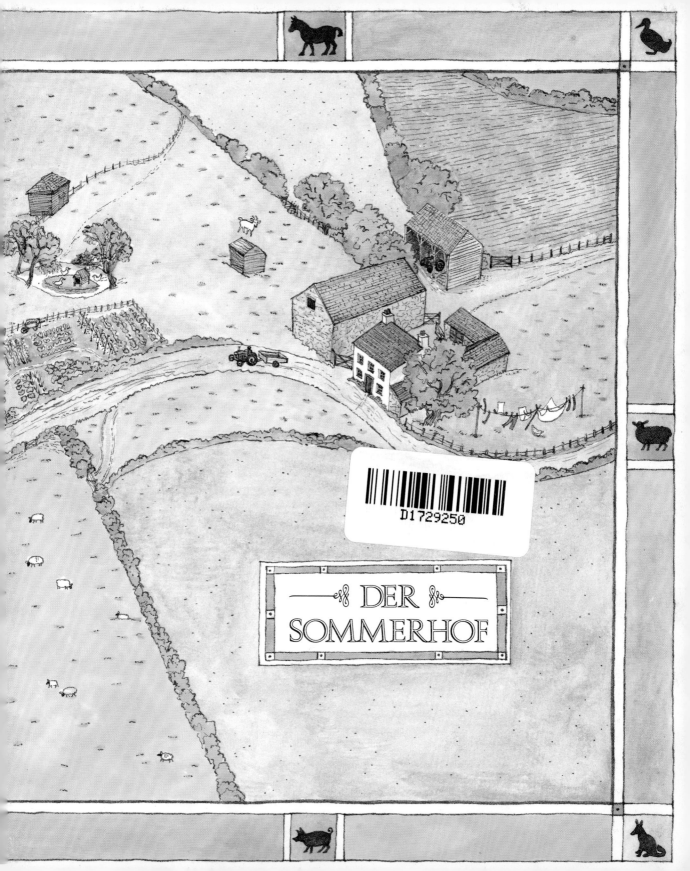

DER SOMMERHOF

Für Kirsty und Ben

CIP-Titelaufnahme der Deutschen Bibliothek

Dow, Jill:
Geschichten vom Sommerhof / Jill Dow. – Hildesheim:
Gerstenberg.
NE: HST
Molli hat Hunger. – 1990
ISBN 3-8067-4350-9

Aus dem Englischen übertragen von Christiane Wilke
Die Originalausgabe erschien unter dem Titel
„Molly's Supper" im Verlag Frances Lincoln Ltd.,
Apollo Works, 5 Charlton Kings Road, London NW5 2 SB.
Copyright © 1989 Frances Lincoln Ltd.
Text und Illustrationen Copyright © 1989 Jill Dow
Deutsche Ausgabe Copyright © 1990 Gerstenberg Verlag, Hildesheim
ISBN 3-8067-4350-9

Geschichten vom Sommerhof

MOLLI
hat Hunger

von Jill Dow

Gerstenberg Verlag

Die Mauern des Sommerhofs glühten rosarot
im Schein der Abendsonne. Oben im Gebälk
der Scheune erwachte die Eule. Sie sträubte ihr
Gefieder und streckte die Flügel, dann flog sie
davon, um im Dunkeln Mäuse zu jagen.
Molli, die kleine weiße, schwarz-gelb gefleckte
Katze, war den ganzen Tag lang herumgelaufen.

Hier draußen, weit entfernt vom Hof, spielten
junge Kaninchen zwischen den Hecken, und
ganze Mäusefamilien huschten durchs Gestrüpp.

Aber Molli hatte Pech gehabt. Den ganzen Tag
lang hatte sie nichts gefangen, und nun war
sie sehr hungrig.

„Wäre ich bloß nicht so weit weggelaufen",
dachte Molli, denn sie wußte, daß der Bauer
jetzt gerade alle anderen Tiere fütterte. So
schnell sie konnte, rannte sie heimwärts.

Sie sprang über das Gatter auf die Wiese und
huschte an den Eseln vorbei.
„Guten Abend", sagten sie, das Maul voller
Disteln und Butterblumen, aber Molli blieb
nicht einen Moment stehen. Wenn sie sich nicht
beeilte, würde sie ihr Abendessen verpassen.

Im Obstgarten legten sich die Schafe schon unter den Bäumen zur Ruhe. Sie waren nicht hungrig, denn sie hatten den ganzen Tag Gras gefressen. Sie kauten noch, als Molli vorbeiflitzte.

Als sie über die Mauer des Schweinekobens balancierte, sah Molli, daß auch die Schweine schon ihr Futter bekommen hatten. Mit den Rüsseln wühlten sie in den Trögen, und ihr zufriedenes Grunzen machte die kleine Katze noch hungriger.

Bei den Hühnern war ebenfalls Essenszeit. Von allen Seiten kamen sie gackernd herbei, um die Körner aufzupicken, die Andi ihnen hinstreute. Molli blieb stehen. Sie wollte sehen, ob für sie auch etwas dabei wäre. Aber Getreide war nicht das Richtige für eine Katze, also lief sie weiter . . .

. . . um den Ententeich herum, wo die Enten aus dem Wasser stiegen und die Köpfe unter die Flügel steckten, . . .

. . . und am Ziegenstall vorbei, wo Kleeblatt und Nüßchen gerade Heu und grüne Blätter futterten.

„Was rennt sie so?" fragten sie einander, als Molli und ihr Schatten an der Tür vorbeihuschten.

Endlich erreichte Molli den Stall.
Sie zwängte sich durch eine Mauer-
lücke hinein. Herr Sommer hatte gerade
die Kühe gemolken, nun füllte er ihre Futter-
krippen mit Heu. Die frische, warme Milch
duftete köstlich, und Molli mußte einfach ihre
Pfote kurz einmal eintauchen, um zu kosten.
Aber der Bauer schimpfte laut und drohte ihr
mit der Forke. Die arme Molli floh erschrocken,
ohne ein Tröpfchen Milch probiert zu haben.

Molli war jetzt fast zu Hause, nur an der Hundehütte mußte sie noch vorbei. Mit flach angelegten Ohren kroch sie heran, dicht an den Boden gedrückt. Hoffentlich bemerkten die Hunde sie nicht!

Doch! Da sahen sie von ihren Fleischknochen auf und bellten unfreundlich: „Beeil dich, Katze, sonst kommst du zu spät."

Endlich, da war die Stufe zur Hintertür. Aber sie war zu spät dran. Die anderen Katzen schleckten schon ihre Schälchen sauber und putzten sich zufrieden.

Arme müde, hungrige Molli! Nun hatte sie sich umsonst so beeilt. Enttäuscht miaute sie laut und kratzte mit den Vorderpfoten an der Küchentür. Frau Sommer sollte merken, wie aufgeregt sie war.

„Wieder so spät, Molli!" sagte Frau Sommer
und öffnete die Tür. „Wo warst du denn?"
Molli roch irgend etwas Köstliches.
Sie schlüpfte hinein, und da standen ein
Teller mit Fisch und ein Schälchen Milch.
„Bist du nicht froh, daß ich immer dein Futter
für dich aufhebe, Molli?" fragte Frau Sommer.
Aber die kleine, gefleckte Katze antwortete
nicht. Sie war viel zu sehr damit beschäftigt,
gleichzeitig zu essen und zu schnurren.

Und dann legte sie sich an
den warmen Ofen und schlief.